幼儿园民间体育游戏活动指导

丛书主编　赵　宇

分册主编　张云丽　徐铭泽

分册副主编　吕晓丽　于　红

编　者　张　慧　林翠翠　王　霞　左丽娜　曲晓彤　盖晓赟　张婷婷　张英杰　连　文　温　琳　吕春梅　姜倩倩　张　颖　韩　笑　张　倩　王兴龙　姜秀萍　王咏梅

辽宁师范大学出版社

·大　连·

编者的话

提高学前教育质量的关键在于提高幼儿园教师队伍的专业素养。在国家教育部2012年颁布的《幼儿园教师专业标准（试行）》（以下简称《专业标准》）中，将保教工作实践能力视为核心，作为评估业务水平的重要标志。因此，探索将《专业标准》中的教育理念与基本要求转化为具体的教育策略，提高教师运用专业知识分析解决教育实践问题的能力，对促进教师的专业发展具有重要意义。“幼儿园教师实践能力指导与培训丛书”（以下简称“丛书”）就是在为更好地贯彻《专业标准》和《3-6岁儿童学习与发展指南》的背景下编写的。

“丛书”有三个突出的特点：一是主题性。“丛书”聚焦《专业标准》中环境的创设与利用、一日生活的组织与保育、游戏活动的支持与引导、教育活动的计划与实施、教师的反思与发展等专业能力，将其中的基本要求细化为各分册微主题，形成了主题化、系列化的丛书结构。二是实践性。“丛书”各分册内容力求做到精选专业知识和基本技能，凸显实践中的应用方法和常见问题的解决策略，通过提供系统的、丰富的实践经验和教育智慧，满足教师实际应用的需要，实现基于理论的实践指导。三是范例性。“丛书”提供了大量的实例、样例，这些文本、案例、问题情境等资源，为幼儿园教师起到了借鉴、参考和示范的作用。

“丛书”既可作为幼儿园教师自主研修用书，也可用于实践能力培训课程，还可作为园本课程研发与使用资源。编写团队由具有多年研究和实践经验的研训教师及一线优秀教师组成，内容来源于幼儿园教育教学实践与研究成果，作为区域幼儿园教师培训课程已经多次使用并获得好评。由于编写时间和编者水平所限，书中若有疏漏和不足之处，敬请斧正。

编者

2017年3月

前　言

幼儿民间体育游戏历史悠久，作为我国传统文化的一部分以其独有的特点及价值，在幼儿发展中起着十分重要的积极作用。

将历经千年的幼儿民间体育游戏更好地传承和发扬、改编和创新，使之更富有科学性、教育性和时代性，是当代幼教工作者的职责，也是幼儿园教师应具备的一项专业实践能力。《幼儿园民间体育游戏活动指导》一书从如何选取适宜的幼儿民间体育游戏、如何更好地开发与利用幼儿民间体育游戏资源、如何恰当地组织与实施幼儿民间体育游戏等方面做了详细的介绍。

理论经验融入研究案例并结合实践呈现是本书的主要特点。教师可以从中找到关于幼儿民间体育游戏的完整体系和组织实施要点，掌握游戏实施方法，支持幼儿游戏的开展，促进幼儿多元发展。

本书提供了 51 个幼儿民间体育游戏案例，分别围绕核心经验和动作发展进行了整理归类，为教师开展小、中、大班幼儿民间体育游戏活动提供参考和借鉴。本书可作为幼儿园教师指导幼儿民间体育游戏的自主研修用书或培训课程教材，也可用于教师教育教学活动参考。

目录

Contents

第一章 幼儿园民间体育游戏的基本认识

一、认识幼儿园民间体育游戏

从广义上说，民间体育游戏是由劳动人民自发创编的，在民间流传的喜闻乐见的体育活动，反映中华民族共有的、习尚的行为、思维、情感和交流模式的游戏活动，人们俗称“玩耍”。幼儿园民间体育游戏是适合幼儿年龄特点的富有浓厚趣味性和娱乐性的幼儿体育游戏活动，深受幼儿喜爱，其大多带有简单的情节、角色和游戏材料，幼儿在充满趣味的游戏中发展动作、愉悦情绪。

在幼儿园开展民间体育游戏，不仅是一种尝试，更是一种需要、一种新的体验。一方面，能够让幼儿在快乐有趣的民间体育游戏中成长；另一方面，能够让来自民间的游戏，重新回到民间，使得这一珍贵的民族文化遗产得以延续。同时，在幼儿园开展民间体育游戏，可以使我们的教育更好地形成合力，促进幼儿身心全面和谐地发展。

二、幼儿园民间体育游戏的特点

1.随意性

幼儿园民间体育游戏的开展比较灵活、自由度大， 一般不受时间、空间、人数等条件的限制，可以随时、随地、随机进行。幼儿可以根据自己的兴趣和需要，自由地商定玩法和时间。

2.简便性

幼儿园民间体育游戏内容丰富，所需的玩具材料简便，就地可取。甚至有很多游戏根本不需要玩具材料，利用肢体徒手就可以进行。符合幼儿好动、好学、好模仿的特点，易懂、易学、易传，对幼儿有着极大的吸引力。

3.趣味性

幼儿园民间体育游戏大多含有情景化情节，并配有朗朗上口的儿歌、童谣，具有较强的趣味性和娱乐性。幼儿在游戏中心情放松，享有充分的自由。可以独自游戏、结伴合作游戏或和家人一起游戏。既能锻炼幼儿的动作发展水平，满足他们的精神需求，又能达到自娱自乐、伙伴同乐和家人共乐的最佳效果。

4.地方性

幼儿园民间体育游戏是劳动人民在漫长的生活历程中创造出来的，充满了浓郁的地方特色。游戏的内容取材、材料选择、玩法确定、规则制定等都离不开本地区的文化浸润和现实生活的影响。

三、民间体育游戏的分类

民间体育游戏在发展幼儿动作、能力等方面均有不同的侧重点。教师可以根据游戏本身的难易程度，按照动作发展，将幼儿民间体育游戏进行划分，整理归类出分别适合小、中、大班的游戏。

以本书中的游戏案例为例，按走、跑、跳、钻爬、投掷等动作将常见的幼儿园民间体育游戏划分统计如下：（附统计表）

幼儿园民间体育游戏统计表

核心经验 \ 游戏名称 \ 年龄段	小班	中班	大班
走	木头人	攻击大炮	两人三足
	赶小猪		踩高跷
			推小车
跑	丢手绢	荷花荷花几时开	换洞洞
	踩影子	老狼老狼几点了	老鹰捉小鸡
	开飞机	冰棍化了	滚铁环
	骑大马	地雷爆炸	放鞭炮
	开火车	风车转转转	攻城门
	拉小车	抢四角	贴人
		揪尾巴	舞龙
		切西瓜	抬花轿
		捉龙尾	打龙尾
		红灯绿灯	
跳	鸡蛋壳　鸭蛋壳	跳格子	跳绳
	小伞兵	单脚骑马跳	斗鸡
	小老鼠上灯台		跳皮筋
			编花篮
钻爬	网小鱼	炒黄豆	老鼠笼
		火车钻山洞	

续表

年龄段 / 核心经验 / 游戏名称	小班	中班	大班
投掷	打怪兽	降落伞	丢沙包
其他	捉迷藏	夹粽子	蒙眼人
			拔河

四、民间体育游戏常见的材料和器械

在幼儿园开展民间体育游戏，有的不需要玩具器械，有的需要简单的玩具器械，更多的玩具器械可以根据游戏需要自制完成。材料比较常见，制作过程也较简便，多以生活和大自然中的材料为主，如绳子、橡皮筋、圆环、瓶罐、木头、纸、布、球、泥土、沙水、石头等。

布质玩具

有绳的布毽子

布辫子

布毽子

布质飞盘

布质软棒

金属质玩具

铁环与塑料环

铁桶

梅花桩

易拉罐高跷

木质玩具

木鞋

高跷

小木车

塑料玩具

降落伞

舞龙

套圈

塑料跳绳

纸质玩具

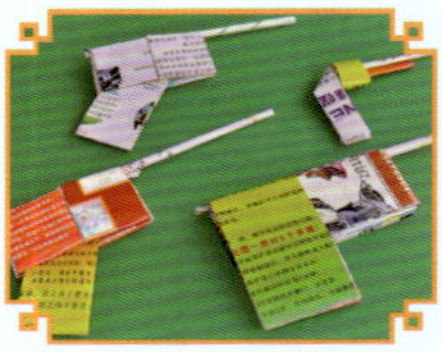
纸手枪

纸炮

纸球

纸飞机

纸风车

纸箱小车

其他类

线绳

皮筋

球

玻璃球

第二章 幼儿园民间体育游戏的开发与利用

一、幼儿园民间体育游戏的收集

对幼儿园民间体育游戏资源进行收集，可以从四个方面进行：

1.查找文献资料

文献资料是我们进行幼儿民间体育游戏收集与整理的重要来源。幼儿园可以调动园内外一切可以调动的力量，通过购买、借阅、复印、查阅等多种形式，收集幼儿民间体育游戏素材，为游戏的整理和开展打下基础。

2.发动社会热心人士

幼儿民间体育游戏发源于民间，散见于民间各地。因此，收集的重点应在民间。我们可以主动地与社会上研究传统文化的社会机构或个人联系，发挥他们的优势，请他们利用各种机会帮忙收集或请他们把已研究的成果无私地奉献给孩子。

3.发动广大家长

幼儿园可以组织开展相关的主题民间体育游戏征集活动，动员家长积极地参与到收集工作中来。比如，家长可以把自己小时候玩过的民间体育游戏的名称、玩法、规则和所需材料一一记录下来，通过各种途径、各种形式汇集到一起，编集成册。

4.组织教职员工

幼儿园教职工的收集工作可以从四个方面进行。一是平时注意观察幼儿自发的游戏，发现有属于民间体育游戏的内容马上记录下来；二是可以让教职工深入生活实践、深入民间去学习与挖掘幼儿民间体育游戏的内容；三是可以请每位教职工利用身边的关系网，发动自己的亲戚、朋友、邻居等帮助收集；四是利用教研活动时间组织教职工集体回忆记录。

二、幼儿园民间体育游戏的整理

幼儿园民间体育游戏的整理，应该遵循以下原则：

1.适应性

在开展幼儿园民间体育游戏时，一定要考虑到幼儿的生理、心理特点和个体差异。针对不同年龄幼儿的发展特点，选择不同的游戏内容；针对同一年龄不同发展水平的幼儿，选择不同的游戏规则，提出不同的游戏要求，使每个幼儿在原有水平上都能得到发展。小班要多开展能提高幼儿大肌肉动作的游戏，如“开飞机”“木头人”等；大班幼儿动作的力量、复杂性发展较好，可以选择“跳皮筋”“踩高跷”等需要一定技巧的游戏。而同样一个游戏，在小、中、大班每个年龄段开展时，游戏的目标、玩法、规则、材料及组织形式等又应有所区别。

2.趣味性

在幼儿园开展民间体育游戏，要充分考虑游戏的趣味性，为幼儿选择他们喜欢玩的游戏。教师要注意引导幼儿在游戏中始终处于主动、积极的状态，只有幼儿充分表现自己的游戏才能，才会从中体验到游戏的快乐，进而喜欢游戏，提高参与游戏的积极性。一些故事情节较强的游戏、有好玩的道具材料的游戏以及竞赛性游戏等都极易引起幼儿的兴趣。例如“老狼老狼几点了”“滚铁环”等游戏，幼儿都百玩不厌。

3.教育性

在幼儿园组织开展的民间体育游戏，应该注重挖掘游戏中所蕴含的积极的思想教育价值，使游戏保证教育性。民间体育游戏的教育价值可体现在名称、内容、规则等的制定和材料的选择上。如“老鹰捉小鸡”游戏是让幼儿懂得不要欺负比自己弱小的同伴，培养集体意识；“蚂蚁运粮”游戏可以培养幼儿爱劳动、不怕困难的品质。民间体育游戏独具价值的规则，使得幼儿在游戏中初步认识规则，养成遵守规则的习惯。

4.园本化

在幼儿园开展民间体育游戏，一定要结合本地区、本园实际，因地制宜。从内容选择、场地布置、材料准备等方面都要具有本土特点，不可盲目套用、照抄照搬。

5.安全性

在幼儿园民间体育游戏中，安全因素是绝不容许忽视的因素之一。游戏的玩法设计，提供给幼儿的场地、材料等，都必须符合卫生和安全条件。教师要注意提高幼儿的自我保护意识，确保游戏安全。

三、幼儿园民间体育游戏的创新

要想使民间体育游戏发挥其教育功能的最大化，需要我们在继承传统民间游戏的基础上，根据幼儿的实际生活和现代教育发展的需要，对民间体育游戏进行继承性的改编和创新。一般可以从民间体育游戏的内容、玩法、规则、材料、情节等方面进行尝试。

1.游戏内容和玩法的创新

民间体育游戏内容丰富，玩法简单。下面以大班民间体育游戏“老鹰捉小鸡”的创新活动为例，分析一下幼儿园民间体育游戏内容和玩法的创新。

大班幼儿在玩传统的“老鹰捉小鸡”游戏时，会出现内容单调、玩法简单、规则单一、缺乏挑战、不能满足其发展需求等问题。教师可以引导幼儿对游戏进行适宜的改编和创新。比如，当“小鸡”数量过多，躲闪跑中易发生摔倒现象时，可以采取调控人数和根据跑动速度差异分别组队游戏的方法来解决。

在丰富内容和创新玩法时，还可以从以下三个方面入手：

（1）借助材料，设置情节。为“老鹰”设置障碍，借助塑料圈、软毽当陷阱和炸弹，干扰“老鹰”的追逐速度。

（2）恰当引入，重组游戏。将传统民间体育游戏“揪尾巴”融入其中。每只“小鸡”身后都“安”一个尾巴，被“老鹰”揪掉尾巴的“小鸡”则被淘汰。

（3）增加情境，提升难度。增加“小鸡”反击“老鹰”的环节。每只“小鸡”都可以投掷自己手中的布毽击打“老鹰”，被击中3次，“老鹰”则遭淘汰。

创新之后的游戏，内容更加丰富，玩法更加有趣。原本单一练习躲闪跑的目标，增加了跑动投掷、跑动遮挡等综合性动作发展目标，使游戏更好地体现出难易梯度，增强趣味性，更具挑战性。

2.游戏规则的创新

幼儿在玩民间体育游戏的过程中，经常会依据实际情况，提出对游戏规则的创新要求。只要是合理的、有益于幼儿发展的要求，教师都可以支持、鼓励。比如，在组织大班幼儿玩“老狼老狼几点了”的游戏时，幼儿会将游戏规则进行创新。传统游戏中，“老狼”捉到的“小动物”就被淘汰了，而游戏过程中，幼儿提出在规则中增加一项救“小动物”的环节，只要趁“老狼”不注意，同伴就可以到“囚禁地”拯救小伙伴。新规则的添加，不仅增加了游戏的趣味性，也提升了难度，为幼儿创造了团队合作、互帮互助、勇敢挑战的重要机会。

3.游戏材料使用的创新

对民间体育游戏材料的探索就是探究其材料的发散功能。让幼儿在掌握、认识一定材料、玩法的基础上，引导幼儿去思考、发现和探究材料的多种功能以及多种材料的组合运用。寻找替代物，发现新材料，并不断补充游戏材料，始终保持游戏的新鲜感，从而将游戏活动不断向前推进。

（1）挖掘游戏材料种类，多物合玩

在民间体育游戏的实践过程中，教师不但要充分开发和利用传统的游戏材料，还要注重挖掘新的游戏材料。如在传统的“捉迷藏”游戏中，除了利用固定的物体躲藏，还可以充分利用轮胎、油桶、体操垫等幼儿熟悉、喜爱的生活材料，引导幼儿在活动中进行伪装、躲藏，探索不被找到的最佳办法。这样不仅可以为幼儿创设一个富有诱惑力的探究性的学习环境，更增添了游戏的趣味性和创造性。

（2）拓展游戏材料功能，一物多用

鼓励幼儿探究一种材料的多种玩法能引发幼儿进行发散性联想，提高思维的灵活性、变通性，使幼儿更富有创造力。如传统的橡皮筋一般只用于“跳皮筋”游戏中，教师可以在游戏中有意识地引导幼儿探究“一物多玩”，让幼儿发现橡皮筋不但可以用来跳，还可以用来拉山洞门、卷在一起做投掷游戏、做绳操、布置小河等。幼儿在探索过程中不断发现新的玩法，既增加了游戏的趣味性，又培养了幼儿主动解决问题的意识和能力。

（3）寻找替代物，发现新材料

在幼儿游戏过程中，教师有意识地给幼儿创设一些无材料的时间和空间，“迫使”幼儿自己去寻找替代物、发现新材料，这对幼儿来说更具挑战性和创造性。如在“炸碉堡”的游戏中，教师可以有意识地打破在场地上事先画好小河、准备好铁圈当山洞等传统做法，启发幼儿寻找替代物。幼儿通过探究能够发现，可以将绳子摆在地上当小河，皮筋拉到一定高度当山洞，易拉罐按一定形状堆在一起做碉堡等。

四、幼儿园民间体育游戏的环境创设

适宜的环境创设和科学的材料投放是幼儿园开展民间体育游戏的重要前提。

1.活动场地的合理规划

可以在幼儿园室外平整的地面上画上富有情趣的、五颜六色的圆圈、螺旋蜗牛、方格房子等，幼儿在入园、离园、户外自由活动时，可以随时随地就玩上几次“跳圈”“跳房子”等游戏。还可以充分开发、利用绿地环境，设计富有民间特色的游戏场地。比如高低起伏的草坪、山坡、拱桥、山洞、石子路，挑战勇气的轮胎桥、树迷宫、梅花桩，自然野趣的沙池、水池、水车等，为丰富幼儿民间体育游戏提供多变的环境条件。利用走廊、楼梯空间、家园共育版块宣传开展民间体育游戏的意义，图文结合、形象直观地介绍民间体育游戏的玩法等。

民间游戏户外类

2.活动器械的科学投放

充分利用自然材料创设有民间体育游戏特色的活动器械，如陀螺、铁环、木鞋、长绳等传统体育玩具。各班级根据幼儿年龄特点自制实用、安全、牢固的游戏材料。如布质沙包、飞碟、尾巴、长龙等，为幼儿自由游戏提供物质保障。

3.保育支持的细致强化

增设休闲区和清洗区。为幼儿准备“小推车”，存放小水壶、衣服篓、百宝箱、纸巾盒等，可以满足幼儿在玩民间体育游戏的过程中提出的任何需求。让幼儿知道天热了要脱衣服，口渴了要喝水，手脚脏了要清洗，发生意外找百宝箱等。在细致的保育环境支持下，幼儿能够在自然运动时就能学会自我保护、自我服务、自我管理。

4.心理环境的自由宽松

幼儿有自己的特点和需要，教师要充分认识到幼儿在活动中的主体地位，为幼儿园民间体育游戏的开展创设自由宽松的心理环境。在思想上更应该相信幼儿，了解幼儿，发现每一名幼儿的优点，使其充分感受到被同伴接纳、喜欢的快乐。让幼儿在轻松、愉快的游戏中，在平等、和谐的开放性环境中领略到民间体育游戏的魅力。

第三章 幼儿园民间体育游戏的计划与实施

民间体育游戏在幼儿园的有效实施，不仅需要提供时间、场所、材料等游戏开展的物质保障，还要采用多样化的游戏形式和循序渐进的活动措施，积极推进游戏开展。

一、幼儿园民间体育游戏的计划制订

将民间体育游戏作为幼儿园课程的一部分，纳入研究和实施计划。比如，学期初，幼儿园大教科研组制订民间体育游戏年度及学期课程实施方案，课程负责人根据全园整体计划进行分解，确定各年龄段相应的活动计划，最后制订班级计划，保证民间体育游戏实施的计划性、目的性和系统性。在班级制订的民间体育游戏计划中，教师要将具体做法落实到学期计划、周计划、日计划中，从而实现民间体育游戏与课程的有效融合，使民间体育游戏得以切实、有序、科学、有效的实施。

1.将民间体育游戏融入集体教学活动中

在组织幼儿玩一个新的民间体育游戏时，可以依据游戏目标、难易程度等，组织开展相应的集体教学活动，以此让幼儿了解游戏背景、玩法、规则等。过程中，教师要注意研究让幼儿更快地理解、接受游戏，体验其中的乐趣和组织方式。为了交流经验，可以开展民间体育游戏案例的观摩活动，推广个别教师的优秀经验，通过观摩后的研讨，让大家发现问题，讨论、研究解决方法等，提升教师组织、实施民间体育游戏的能力。

2.将民间体育游戏融入户外体育活动中

在幼儿园户外体育活动时间组织开展民间体育游戏，尤其是大型民间体育游戏，可以有效地增强幼儿的身体素质。群体性的民间体育游戏，能够很好地锻炼幼儿的合作能力、个体与集体的协调能力，提高幼儿的团队意识。另外，教师的指导经验、个体的游戏经验可以被迅速推广，教师指导的受众面广。游戏中，教师还可以及时发现一些共性问题、游戏规则的合理性问题等，便于其更加适宜有效地指导游戏开展。

3.将民间体育游戏融入区域活动中

在组织户外区域活动中，教师可以根据教育目标，有目的、有计划地投放材料，支持幼儿开展民间体育游戏。可以将场地分成固定区域和开放区域，投放相应的游戏材料，如在体育区投放高跷、沙包、皮筋、跳绳等；还可以建立专门的民间体育游戏综合开放区，投放毽子、独轮车、陀螺、风车等玩具，既方便幼儿认识民间体育游戏，又让幼儿随手可取，随时开展游戏活动。在区域活动中开展民间体育游戏，更适宜于教师对幼儿的个别指导。因为人数少，教师的指导更容易达到细致、明显的效果，还可以发现不同幼儿对不同民间体育游戏的偏好，增强师幼互动，融洽师幼关系。

4.将民间体育游戏融入零散时间

幼儿园一日生活中各个环节的时间、具体目标和要求各不相同，需要教师合理安排，通过灵活开展不同类型的民间体育游戏，促进民间体育游戏整合优化。晨间来园活动、餐前活动、自由活动、离园活动等环节都可以适时组织实施相应的民间体育游戏。比如，在晨间活动、自由活动和一些零散的间隙时间，可以组织开展“挑小棒”“弹珠珠”“翻绳”等有利于幼儿小肌肉灵活性发展的游戏；户外体育活动时间可以组织开展“攻城门”“炒黄豆”“冰棍化了”等有利于幼儿大肌肉动作发展的游戏。将民间体育游戏贯穿在幼儿园一日活动中，不仅可以丰富幼儿的游戏内容，体现动静交替的原则，还能减少消极等待，方便教师管理。

5.使民间体育游戏在每周固定游戏时间内开展

为了更好地开展民间体育游戏的研究，幼儿园还可以设置民间体育游戏日，或是在组织民间体育游戏时，将民间体育游戏制度化、系统化。例如，幼儿园可以在每班每周都设置一个固定的民间体育游戏时间。教师将其明确纳入周计划表中，这样民间体育游戏就同其他音乐游戏、智力游戏一样，在周计划表中占有固定的一席之地。在民间体育游戏专项进行时间，幼儿可以自由玩自己喜欢并熟练的民间体育游戏，教师还可以带领幼儿玩一些新游戏。

二、幼儿园民间体育游戏中的教师指导

《纲要》指出："教师应成为幼儿学习活动的支持者、合作者、引导者。"传统的民间体育游戏有时不需要教师，幼儿自由组合、商定好游戏内容后，就可以自如地玩起来，幼儿在不知不觉中就学会了游戏。当然，要让这些游戏在幼儿园体育活动中发挥其最大的作用，还需要教师有目的、有计划、灵活地加以组织和引导。教师在组织民间体育游戏时，要巧妙地运用组织策略，体现民间体育游戏的难易层次。

1.依据差异，分层分级指导

幼儿存在年龄层次和个体差异，教师要根据幼儿接受能力的不同，随时调节游戏的难易程度，探索适宜的指导方法，更好地体现民间体育游戏指导的科学性和层次性。

小班幼儿模仿能力强，身体活动的速度、力量等水平较低。因此，我们可以选择拟人有趣、玩法简单、技能性不太强、更贴近生活经验的游戏。中班幼儿无论在表现力还是游戏能力上都有一定的水平，理解力、身体灵活性都比小班幼儿有所增强，可以选择既能愉悦情绪，又能扩大知识面、促使幼儿在游戏中动脑开智的游戏。如"荷花荷花几时开""红灯绿灯"等。大班幼儿动作的灵活性、协调性增强，运动强度大，可以选择一些技巧性强、需要一定力量的游戏；还可以选择手眼协调、全身协调性强或是竞赛意识浓的游戏。如"滚铁环""抓石子""夹包跳"等。

同一年龄段的幼儿也存在个体差异。面对能力弱的幼儿，教师在组织游戏时，可以采取降低难度、调整玩法或规则的方式，帮助他们顺利完成游戏。

分层分级指导，可以使幼儿的运动技能发展不再受到制约。不会让幼儿因为掌握不好技能而不敢玩、不能玩，而是可以通过有效的指导，让每名幼儿在原有水平上都能够得到更大程度的发展。

2.鼓励创新，及时发现引导

民间体育游戏最大的优势就是幼儿的自主性强。幼儿可以自选材料、自由结伴、自我学习、发现创新。教师要善于发现幼儿创新的火花，及时予以肯定和引导。比如在"老狼老狼几点了"的游戏中，幼儿将原来"老狼"直接说出几点钟，改成听数敲钟的"铛铛"声。在自由玩耍中，幼儿更容易发现多种材料的新玩法，如沙包、易拉罐、旧纸箱等材料都可以玩出多种民间体育游戏。

同时，民间体育游戏的组织方法多样，运用时应从游戏的"新""简"两方面想办法。所谓"新"是指民间体育游戏内容的新鲜性、形式的新颖性和方法的新奇性。所谓"简"是指讲解简练，练习简单，教法简易。教师可以以"新"吸引幼儿的好奇心，促使其产生兴趣；以"简"帮助幼儿尽快掌握玩法，让幼儿有大量玩的时间。

3.转变角色，适当参与游戏

作为教师，以伙伴的身份参与幼儿的游戏，是激发幼儿积极参与民间体育游戏的动力，能使幼儿游戏的热情急速膨胀。如在"老鹰捉小鸡"的游戏中，教师形象生动的语言

和灵活逼真的肢体动作，往往更容易吸引幼儿的注意力，并激发他们参与游戏的愿望和更加丰富的想象。

4.注重观察，适时支持调整

教师观察是保证幼儿园民间体育游戏顺利开展和推动幼儿游戏水平发展的重要因素。在指导幼儿园民间体育游戏时，教师要注意观察幼儿的表现和真实需要，随时关注幼儿的兴趣、游戏状态、参与情况、交往水平等，要善于抓住个别幼儿活动过程中的一些细节，通过观察发现问题、解决问题。尤其是面对幼儿的自主探究行为和创新意识，教师不但应该给予其足够的时间和空间，还要给予适当的支持和引导。借助表格记录，可以使教师的观察和指导更加具体有效。

5.循序渐进，科学调控运动

开展幼儿园民间体育游戏，教师要做到科学监测和调控幼儿游戏的运动量。如果运动量过小，运动对身体的刺激会相应减弱，从而失去增强体质的作用。反之，游戏中运动量过大，超越幼儿身体所能承受的限度，就会使幼儿身体机能受损。所以，教师在组织幼儿开展民间体育游戏时，要遵循循序渐进的原则，由易到难、由简到繁，把握好游戏的强度和密度。游戏过程中，教师要密切关注幼儿的游戏状态和身体反应，及时调整运动量。另外，在把控游戏运动量时，教师还要注意考虑幼儿的个体差异和季节、天气等因素。

幼儿户外民间体育游戏观察记录表

观察时间		班级		地点	
材料		幼儿人数		教师	
游戏过程观察记录	（记录幼儿选择的材料、游戏时间、游戏情况——情绪、专注度、玩法）				
游戏分析评价	（根据幼儿心率、颜面、出汗情况来评价幼儿的活动量及活动强度和密度是否适宜）				
游戏观察反思	（通过幼儿游戏情况，反思活动的组织实施是否科学适宜）				
游戏调整	（查找游戏中出现的问题，及时做出调整）				

第四章 幼儿园民间体育游戏设计案例

丢手绢

（小班）

目标：

1. 体验追逐游戏的快乐。
2. 能注意观察并迅速做出反应。
3. 练习跑的动作。

准备：

1. 幼儿人手一条手绢。
2. 幼儿熟悉《丢手绢》歌曲。

过程：

一、热身

播放音乐，教师带领幼儿用手绢模仿扶方向盘开车的动作，沿着场地周围前进，引导幼儿边跑边注意教师手中红绿灯的变化。

二、介绍游戏玩法

教师：小朋友们已经会唱《丢手绢》这首歌曲了，今天老师带你们一起玩丢手绢的游戏。

教师：小朋友们围成一个大圆圈蹲下唱歌，老师把手绢丢给一位小朋友，蹲在地上的其他小朋友注意不要告诉他，当他发现手绢后要立即捡起手绢追老师，老师跑到这个小朋友的位置蹲下，换他来做丢手绢的人。

规则：丢手绢的小朋友走过其他小朋友身后时，其他小朋友不能随意回头看身后，也不能提醒被丢手绢的小朋友。

三、玩丢手绢游戏

幼儿开始游戏，教师提醒幼儿在追逐跑时注意安全。

四、放松活动

听音乐，教师组织幼儿做放松活动。

教师：小朋友们今天玩得真开心，让我们慢慢开车回家吧。

建议：

小班幼儿无意注意表现尤为明显，手绢可以用其他物品来代替，如飞盘、沙包等。初玩游戏时，教师应及时提醒被追逐的幼儿跑回到正确的位置。

木头人

（小班）

目标：

1. 感受民间体育游戏的快乐。
2. 能听口令做动作，控制身体保持不动。
3. 尝试仿编儿歌并进行游戏。

准备：

地面上画一个大圆圈。

过程：

一、热身

幼儿模仿各种小动物走路的动作，如小鸭、小猫、小狗。

教师：今天我们来玩“木头人”的游戏。你们知道木头人是什么样的吗？

教师：玩这个游戏前我们还要学一首儿歌，你们听听这个木头人是什么样的。

二、探索交流

请幼儿思考，木头人不能说话不能动的时候还可以摆出什么造型呢？幼儿互相说一说、试一试。

三、幼儿游戏

1. 新授游戏

玩法：幼儿站在圆圈上，边拍手边说儿歌，顺时针走。“山连山，水连水，我们都是木头人，一不许动，二不许笑，三不许露出小白牙。”当说到最后一句“三不许露出小白牙”时，幼儿摆出各种姿势不动。如果违反规则，就要被停止一次游戏。

2. 巩固游戏

幼儿玩两到三次，熟悉为止。

四、活动结束

幼儿做放松活动。

建议：

当幼儿熟悉玩法后，可以自主创编儿歌和动作，将儿歌中的“木头人”换成小动物，如“山连山，水连水，我们都是小花猫”，幼儿模仿小花猫进行游戏。幼儿摆出造型后，教师可以引逗幼儿，以此增添游戏的趣味性。

荷花荷花几时开

（中班）

目标：

1. 在问答与合作中感受民间体育游戏的快乐。
2. 能听信号在一定范围内追逐跑。
3. 尝试创编游戏歌谣。

准备：

1. 律动音乐。
2. 前期经验：了解四个季节的花卉。

过程：

一、准备活动

教师带领幼儿进入场地做准备。

教师：今天天气真好啊，我们一起来做运动吧！（随着音乐做律动）

二、游戏：荷花荷花几时开

1. 介绍游戏名称，学习儿歌

教师：小朋友们，你们见过荷花吗？它是什么样子的？在什么季节开放？（幼儿说出荷花的特点）

教师：今天我们来玩一个关于荷花的游戏，名字叫“荷花荷花几时开”。

2. 介绍游戏玩法

全体幼儿围圈站好，请一名幼儿站在中间，扮演荷花。游戏开始，圈上的幼儿手拉手按顺时针方向走，边走边问中间的幼儿“荷花荷花几时开”，答“一月开”。然后继续问：“一月不开几月开？”答：“二月开！”以此句式进行问答，当“荷花”答到“六月荷花朵朵开”时，圈上幼儿四散跑，“荷花”追赶，被抓到的幼儿扮演荷花继续游戏。

3. 创编歌谣

教师：我们还可以说什么花？它在哪个季节开放？我们一起来说一说。

4. 按幼儿创编的歌谣进行游戏

三、放松活动

听音乐，师幼做放松活动。

建议：

可通过创编歌谣丰富游戏的内容，由单一的荷花增加到多种幼儿熟悉的花卉，还可划分不同场地，让幼儿根据花卉开放的季节向指定方向跑。这样既增加了游戏的趣味性，又有了一定的挑战性。

老狼老狼几点了

（中班）

目标：

1. 体验民间游戏的乐趣。
2. 能灵活地躲闪同伴的追逐。
3. 练习听信号躲闪跑。

准备：

狼头饰、呼啦圈等多种材料。

过程：

一、热身

幼儿各自模仿喜爱的小动物，根据音乐做动作。

二、玩法

游戏一：传统的民间体育游戏“老狼老狼几点了”

玩法：幼儿在“老狼”身后，边走边问“老狼老狼几点了”，当听到“天黑了”时，幼儿快速跑回家。

规则：必须听到“天黑了”才能跑。

游戏二：创新民间体育游戏“老狼老狼几点了”

玩法：幼儿自主选择材料搭房子，进行游戏。

1. 听到“天黑了”，按照教师的指令一人找一个“家”。
2. 听到“天黑了”，按照教师的指令两人共同找一个“家”。
3. 听到“天黑了”，按照教师的指令三人共同找一个“家”。

规则：按教师的指令找“家”，否则会被“老狼”吃掉。

游戏三：幼儿扮老狼进行游戏“老狼老狼几点了”

玩法：请2~3名幼儿扮演狼，站在中间，其他幼儿在外面围成大圆，沿顺时针方向边走边问“老狼老狼几点了”。当“狼”回答“天黑了”的时候，就抓“小动物”，“小动物”四散跑。“狼”将要追到时，“小动物”及时蹲下，变成“小树桩”不动，“狼”则不能再追。

规则：“小动物”必须按规则做游戏，只有即将被“狼”捉住时，才可以变成“小树桩”。

三、放松活动

听音乐，师幼做放松活动。

建议：

1.教师引导幼儿自主选择材料搭房子，如选用呼啦圈、轮胎等。

2.组合材料搭房子，进行游戏。

3.当听到“天黑了”，幼儿就按照教师的指令找“家”。

换洞洞

（大班）

目标：

1. 乐于合作，敢于挑战，喜欢参加民间体育游戏。
2. 能反应迅速、动作敏捷地进行游戏。
3. 练习听指令交换跑。

准备：

小兔头饰、呼啦圈、梅花桩等材料。

过程：

一、导入热身

幼儿围成一个大圆圈站好，活动身体各个部位。

教师：今天我们要去小兔的新家做客。小兔的新家很远很远，我们需要开小车。（手拿呼啦圈做方向盘，围着圆圈进行快慢跑）上坡，下坡，左转弯，右转弯，过红灯绿灯。

二、幼儿游戏

讲解游戏玩法。

教师：终于到小兔家了。小兔的新家好大啊，有许许多多的洞口。小兔每个房间里有5个洞，但是粗心的小兔却在每个房间里少画了一个洞。“小兔”要听指令交换洞洞。（将幼儿分组，每组5名幼儿）说儿歌：“换洞洞，换洞洞，一二三——换！”当说完最后一个“换”字时，“小兔们”快速跑到新的洞洞，没有洞的“小兔”只能在中间休息了。

规则：

1. 每个人必须在听到口令的最后一个字时才能跑动。

2. 四个角落里的人听到口令后必须移动位置，不可原地不动。

三、幼儿创新游戏

1. 幼儿探索、创新游戏。幼儿用易拉罐等材料做炸弹，增加游戏的难度。

2. 幼儿分组尝试做游戏，教师观察指导。

四、结束。收拾整理物品，做放松运动

教师：我们该回家了，我们帮小兔把家收拾干净吧。好了，我们回家洗个澡吧。（洗洗头、脖子、身体、胳膊、腿，转一个圈把身上的泡泡冲走吧）

建议：

用发手环或其他方式奖励交换洞洞的幼儿，保证幼儿每次都能交换洞洞。

老鹰捉小鸡

（大班）

目标：

1. 感受自主创造游戏的快乐。
2. 能积极主动地解决问题，敢于探究和尝试。
3. 能灵活地追逐、躲闪跑，动作敏捷。

准备：

1. 幼儿已玩过传统的“老鹰捉小鸡”游戏。
2. 垫子、呼啦圈、沙包、球等运动器材。

过程：

一、热身活动：和垫子一起做运动

组织幼儿做热身活动，重点活动四肢（尤其是脚踝、手腕等关节）、腰腹，使身体逐步达到运动状态。

二、游戏：老鹰捉小鸡（传统玩法）

教师和幼儿一起回忆“老鹰捉小鸡”的游戏玩法和规则。

三、探索

1. 自由探索“老鹰捉小鸡”的新玩法

根据游戏中出现的问题支持和引导幼儿探索新的游戏玩法。

教师：你们玩得高兴吗？刚才玩得怎么样？发生了哪些事情？怎么才能不被甩倒？用什么方法可以解决？谁来说一说？根据你们想出的解决办法我们玩一下吧。

2. 分享交流

幼儿相互讨论，解决问题，创新玩法。

教师：在刚才的游戏中，出现了什么问题？谁来说一说？用什么方法可以解决这个问题？

教师：想一想，“老鹰捉小鸡”的游戏还可以怎么玩？可以借助旁边的材料哟。

四、整理放松，教师小结

教师：刚才小朋友的玩法非常好，现在每人拿一个小垫子坐到老师身边，我们一起回忆一下都创新出了哪儿种玩法。

教师：你们真棒，创新出了这么多的玩法。现在休息一下，自己捶捶胳膊、捶捶腿吧。

规则：

1. 游戏中“小鸡”要抓紧前面“小鸡”的衣襟，不能松开。
2. 游戏中被捉住的“小鸡”到旁边休息，下一轮游戏开始后才可继续游戏。

建议：

游戏运动强度大，注意动静交替。

1.避免出现幼儿在游戏中摔倒的现象，人数控制在8人以内。可以按跑动能力强弱将幼儿分成两队或多队。

2.大班幼儿自主创新游戏：

(1)玩法改变，可将呼啦圈、易拉罐设置在场地的不同位置，设置“地雷”“炸弹”，影响“老鹰”跑动的速度和空间。

(2)幼儿将“揪尾巴”游戏和“老鹰捉小鸡”游戏进行组合。每名幼儿身后放一条尾巴，“老鹰”去揪尾巴，被揪到的幼儿停止一次游戏。还可以根据幼儿意愿进行其他创新，只要可行、好玩的游戏都可以开展。

第五章 幼儿园民间体育游戏活动案例

小 班

踩影子

我跑，它也跑；我停，它也停；全身黑黝黝，就爱跟着走！

活动目标：

1. 体验游戏的快乐。
2. 能在追逐、躲闪跑时注意避免碰撞。
3. 练习躲闪跑，动作敏捷。

准备：

有阳光的、宽敞无障碍的活动场地。

玩法：

游戏前，请幼儿先找一找自己的影子。游戏开始，请幼儿去追一追、踩一踩别人的影子，同时，尽量使自己的影子不被别人踩到。

规则：

踩影子时要注意安全，不能推挤他人。

建议：

幼儿可两人一组，一人踩另一人的影子，被踩到后，两人互换角色，继续游戏。游戏熟练后，可适当增加踩影人的数量，加大游戏难度。

开飞机

小飞机飞呀飞，飞得高飞得低；请你带我上天空，看看月亮和星星。端平双臂，准备起飞！

活动目标：

1. 感受开飞机的乐趣。
2. 能听指令迅速做出反应。
3. 练习双臂侧平举，保持身体平衡跑。

准备：

宽敞平整的场地。

玩法：

幼儿自由模仿飞机飞行，探索多种飞行方法。教师讲解游戏玩法，当听到“准备起飞！”时，幼儿双臂端平单腿站立；当听到“飞机起飞！”时，幼儿双臂端平扮小飞机在场地上自由跑；当听到“飞机降落！”时，幼儿双臂放下，蹲下休息。

规则：

幼儿听到指令后做出相应动作。

建议：

幼儿先自由练习小飞机飞行的动作，当熟练之后可增设多种跑道，鼓励幼儿直线跑、曲线跑、绕障碍跑，增加游戏趣味。教师随时提醒幼儿“开飞机”时注意安全，防止奔跑时发生碰撞。

赶小猪

“噜噜噜”，赶小猪，皮球小猪真淘气！操场上，小朋友们手拿纸棒，正在奋力将“小猪”赶进“猪圈”。看，他们赶得多带劲！

活动目标：

1. 体验赶球游戏的快乐。
2. 能手眼协调地赶球。
3. 尝试用纸棒连续向前赶球。

准备：

1. 纸球、纸棒若干（数量与幼儿人数相同）、纸箱5个。
2. 场地布置如右图所示。

场地：

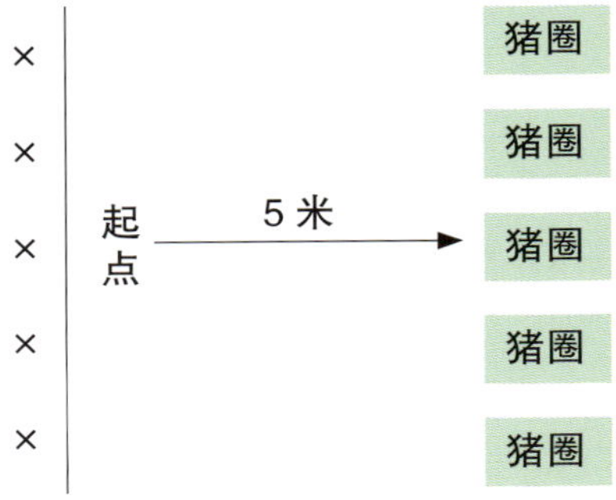

玩法：

幼儿做赶猪人，人手一根纸棒和一只“小猪”，分散练习探索“赶小猪”的方法，教师巡回指导。熟练后，教师说：“小猪要回家了！”幼儿开始用纸棒把“小猪”赶进“猪圈”。赶到圈外的“小猪”要重新赶回来才能继续游戏。

规则：

赶到圈外的“小猪”要重新赶回来才能继续游戏。

建议：

幼儿熟悉游戏后，可选用小一点的球进行游戏，提高游戏难度。也可设置障碍，如：设置低矮的拱形门，将“小猪”赶过拱形门，再赶进“猪圈”。

鸡蛋壳　鸭蛋壳

鸡蛋壳，鸭蛋壳，谁先落地弹脑壳。

活动目标：

1. 愿意参加民间体育游戏，体验游戏的快乐。
2. 能单脚连续跳，保持身体平衡。

准备：

1. 宽敞无障碍的场地。
2. 幼儿熟悉儿歌内容。

玩法：

幼儿四散在教师周围站好，说儿歌：“鸡蛋壳，鸭蛋壳，谁先落地弹脑壳。”边说儿歌边有节奏地两脚脚跟交替点地，说完儿歌，单脚连续跳。教师轻弹双脚同时先落地者的脑壳并暂停其游戏一次，其他幼儿继续游戏。

规则：

游戏过程中，幼儿要单脚跳，双脚同时先落地者停止一次游戏。

建议：

根据小班幼儿实际水平，教师在指导时可适当降低难度，幼儿一只脚跳累了，可换另一只脚接着跳。

小伞兵

小伞兵，真神奇，带着宝宝空中飞。飞过山，越过河，落在一片青草地。

活动目标：

1. 感受民间体育游戏带来的快乐。
2. 能从一定的高度向下跳。
3. 掌握跳的基本方法。

准备：

1. 装有食物的小书包若干。
2. 不同高度的宽木凳。

玩法：

游戏开始，教师设计情境说：“森林里地震了，路也被破坏进不去了，小动物们没有粮食吃，都好饿，我们小伞兵想不想给它们送粮食啊？”教师示范从高处向下跳的动作，幼儿原地练习。掌握方法后，幼儿站在不同高度的木凳上，当教师发出口令“出发”时，幼儿背着书包从木凳上向下跳。

规则：

教师说“出发”时，幼儿才能跳。

建议：

游戏开始时，可以先让幼儿练习双脚原地纵跳，为从高处向下跳做准备。在游戏中，教师要根据幼儿实际能力，选择不同高度的木凳，鼓励幼儿大胆游戏。

拉小车

孩子们三五成群地拉着小车，或走，或跑，你追我赶，开心地玩耍。甜甜的笑声回荡在耳畔，久久不散……

活动目标：

1. 感受拉小车游戏的乐趣。
2. 能动作协调地拉小车。
3. 尝试用多种方法玩小车。

准备：

各种材料制作成的小车，数量与幼儿人数相同。

玩法：

教师说："小朋友们，今天老师给你们带来了很多不同的'小车'，看一看，你的'小车'是用什么做的？让我们一起带着'小车'去旅行吧！"幼儿自由探索"小车"的玩法，可以拉着"小车"到幼儿园的各个角落玩一玩。

规则：

提醒倒着拉"小车"的幼儿要注意安全。

建议：

可以利用幼儿园的场地，如在小树林里拖拉"小车"，增加游戏的趣味性。

此游戏不受游戏场地和材料的限制，"小车"可以用塑料瓶、箱子、盒子等代替。而游戏场地可以根据各园所实际情况，设置障碍，以此来增加游戏的趣味性和难度。

网小鱼

小小鱼儿游啊游，摇摇尾巴点点头；我来做个小渔网，呼啦一下捉住它！

活动目标：

1. 体验合作游戏的快乐。
2. 能听指令快速反应，动作敏捷。
3. 练习钻及躲闪的动作。

准备：

1. 宽敞的场地。
2. 幼儿熟悉儿歌内容。

玩法：

请两名幼儿当渔网，手拉手举过头顶，其他幼儿扮成小鱼，围成圆圈分别从“渔网”下钻过，边钻边说儿歌：“许多小鱼游来了，游来了；许多小鱼游来了，游来了。快快捉住！”说到“捉住”时，搭“渔网”的幼儿迅速将手放下网“小鱼”，被网住的“小鱼”做“渔网”，游戏反复进行。

规则：

当说完儿歌最后一句时，幼儿才能开始网“小鱼”。

建议：

1. 幼儿熟练游戏后增加“渔网”的数量，加大游戏的难度。
2. 还可以用呼啦圈做渔网，进行“网小鱼”游戏。

捉迷藏

“嘘，别出声！”捉迷藏游戏开始啦！咦，小朋友都藏到哪里啦？原来，他们躲在滑梯上面、大树后面，还有的藏在了迷宫里面……快来找一找吧！

活动目标：

1. 体验躲藏的乐趣。
2. 能快速藏好，尽量不被发现。
3. 尝试迅速找到自己喜欢的躲藏地点。

准备：

1. 操场上布置一些可以供幼儿躲藏的物体，如纸箱、油桶等。
2. 猫妈妈、小猫头饰。

玩法：

教师扮演猫妈妈，幼儿扮演小猫。游戏开始，“猫妈妈”闭上眼睛开始数数，“小猫”迅速找到自己喜欢的地点并躲藏起来。“猫妈妈”数完后，开始寻找“小猫”，直至将所有“小猫”找到为止。重复游戏，要求“小猫”更换躲藏地点。

规则：

“猫妈妈”在数数的时候不能睁眼，数好后开始寻找。

建议：

初玩游戏，教师可以让幼儿在指定的范围内捉迷藏，还可以给找的幼儿适当的提示。熟练后，可增加遮蔽物，让幼儿自由选择地点来隐藏自己。

打怪兽

森林里来了“大怪兽”，小伙伴们齐心协力，用“炸弹”打跑“怪兽”——我们是胜利的小勇士！

活动目标：

1. 乐于参与游戏，能勇敢、大胆地打怪兽。
2. 能挥动手臂从肩上投掷。
3. 练习单手向前投掷的动作。

准备：

1. 沙包若干、两个“怪兽”。
2. 场地布置如右图所示。

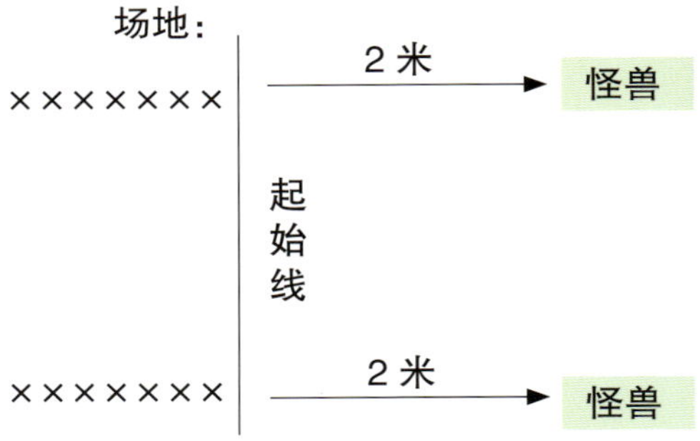

玩法：

教师将“怪兽”放在距起始线两米处。

幼儿分成两队，分别站在起始线上，每人一个沙包，轮流向“怪兽”投掷，看谁能打到“怪兽”。

规则：

练习从肩上向前投掷。

建议：

小班上学期可设置两米的投掷距离，下学期可将投掷距离设置成三米。可根据幼儿实际投掷情况，逐渐加大投掷距离，增加难度。

小老鼠上灯台

小老鼠上灯台，偷油吃下不来。喵喵喵，猫来了，叽里咕噜滚下来。

活动目标：

1. 喜欢玩民间体育游戏。
2. 能从一定高度向下跳。
3. 练习跳的动作。

准备：

1. 小椅子（数量与幼儿数相同）。
2. 老鼠和猫的头饰。

玩法：

教师扮成大花猫，全体幼儿扮成小老鼠。游戏开始，幼儿站在椅子上说儿歌："小老鼠上灯台，偷油吃下不来。喵喵喵，猫来了，叽里咕噜滚下来。"当说到最后一句儿歌时，幼儿双脚从椅子上跳下并蹲好，否则就会被"大花猫"捉走。待"大花猫"走后，再重新开始游戏。

规则：

当说到最后一句儿歌时，"小老鼠"才能从椅子上往下跳。

建议：

幼儿可以先练习原地纵跳的动作，然后教师再引导幼儿从一定的高度向下跳。根据幼儿个体差异性和能力发展的不同，可以让幼儿选择从不同高度的椅子上跳下。

骑大马

小朋友，骑大马，呱嗒呱嗒呱嗒嗒；一骑骑到外婆家，外婆夸我好娃娃！得儿——驾！

活动目标：

1. 体验奔跑游戏的快乐。
2. 能胯下夹杆向前蹦。
3. 练习跑马步。

准备：

1. 宽敞无障碍的场地。
2. 报纸卷成的棍棒若干。

玩法：

幼儿双手握棒于胯下。游戏开始，幼儿骑杆，双手紧握"大马"蹦到指定位置，看谁蹦得快。游戏可根据幼儿的兴趣反复进行几次。

规则：

蹦跳时注意安全，避免相互碰撞。

建议：

待幼儿熟练游戏玩法后，增设障碍物，让其绕障碍蹦，以增加游戏的难度和趣味性。

开火车

轰隆轰隆小火车，吭哧吭哧出发了。火车火车我问你，开到哪里去？我送我的小朋友，去呀幼儿园。

活动目标：

1. 体验合作游戏的快乐。
2. 能边走边做动作。
3. 练习一个跟着一个走。

准备：

火车头头饰。

玩法：

教师扮成火车头，幼儿在后面一个跟着一个做车厢。游戏开始，教师说："呜—— 呜——开火车啦！"幼儿两臂屈肘前后摆动，模仿车轮转动，边走边唱歌谣："轰隆轰隆轰隆轰隆火车呜呜叫，吭哧吭哧吭哧吭哧我们出发了。火车火车我问你，开到哪里去？我送我的小朋友，去呀幼儿园。"教师说："火车到站了！"幼儿发出"哧——"的声音后蹲下，游戏结束。

规则：

"开火车"时应选择空旷的场地。幼儿一个跟着一个做游戏。

建议：

待幼儿熟悉游戏后，可以让其充当火车头，也可将幼儿分成两组变成两列火车，同时进行游戏。游戏中可加入情境，如"钻山洞""过大桥"等，来增加游戏的难度和趣味性。教师应根据幼儿的活动情况确定游戏的次数。

中 班

冰棍化了

炎热的夏天来到了，在冰柜里住着一群可爱的冰棍精灵。冰柜里突然来了一位不速之客，它的到来让原本安静的冰柜变得热闹起来……

活动目标：

1. 能积极主动地参与游戏。
2. 能够按照规则进行游戏。
3. 练习在指定范围内追逐跑，动作迅速，反应敏捷。

准备：

冰棍头饰。

玩法：

选一名幼儿做追逐者，其他幼儿扮成冰棍。游戏开始，幼儿在指定范围内四散跑，追逐者去追。如果幼儿发现自己将被追上时，站住不动喊“冰棍”，追逐者不能再追他，其他幼儿等待时机去救“冰棍”（趁追逐者离开，快速拍该幼儿并说“冰棍化了”），该幼儿则获救，继续游戏。被捉住的幼儿停止游戏一次。

规则：

“冰棍”获救后，才能重新进行游戏。

建议：

1. 教师根据幼儿游戏的情况，注意动静交替，适当调整其活动量。
2. 待幼儿熟练后可以增加多名追逐者，增加游戏的难度。

炒黄豆

"炒，炒，炒黄豆，黄豆熟了翻跟斗。"一颗颗小黄豆开心地蹦蹦跳跳，召唤小朋友和它们一起做游戏呢。

活动目标：

1. 愿意和同伴合作游戏，感受游戏的乐趣。
2. 能动作灵活、协调地翻转身体。
3. 练习侧身翻的方法。

准备：

空旷的场地。

玩法：

幼儿两人一组，手拉手、面对面站好，边说儿歌"炒，炒，炒黄豆，黄豆熟了翻跟斗"，边手臂左右晃动做炒黄豆的动作。儿歌结束时，两人向同一侧翻转身体成背对背姿势，游戏继续进行。依此玩法，从背对背姿势翻转成面对面姿势。

规则：

与同伴同时翻转时，要商量好翻转方向，以免造成拉伤。

建议：

1. 幼儿熟悉游戏后，可创编儿歌"炒青菜""炒花生""炒黄瓜"等进行游戏。
2. 在游戏过程中，教师要重点指导幼儿掌握侧身翻的技巧，可给予适当的指导和帮助。

地雷爆炸

扫雷部队刚接到新的任务，在一个未知的区域里发现敌人埋了很多"地雷"，勇敢的小扫雷兵们，赶快投入战斗吧！

活动目标：

1. 体验与同伴合作游戏的乐趣。
2. 能动作协调、灵活地练习蹲和跑的动作。

准备：

地雷头饰。

玩法：

指定一名幼儿做追逐者。游戏开始时，幼儿在场地内四散跑，将被捉住时，立即蹲下喊"地雷"，追逐者则不能再追他。"地雷"要等同伴的救助并喊"爆炸"，才可以继续游戏。被捉住的幼儿为新一轮游戏的追逐者。

规则：

喊"地雷"后的幼儿必须等同伴来救助方可继续游戏。

建议：

可以邀请配班教师参加，分成两组进行游戏，以减少幼儿等待的时间。同时强调游戏过程中要注意安全。

风车转转转

风车最喜欢风婆婆了，因为风婆婆总和风车一起做游戏。风婆婆使劲吹，风车就快快转，像风火轮一样。看，风婆婆来了，风车转起来啦！

活动目标：

1. 体验玩风车的乐趣。
2. 能听指令进行游戏。
3. 练习走、跑的动作。

准备：

风车若干。

玩法：

教师当风婆婆，幼儿听指令玩风车。教师说“风婆婆来了”。幼儿听到“风小了”，便拿着风车走，听到“风大了”，便拿着风车跑。

规则：

听口令做不同的动作。

建议：

1. 幼儿熟悉游戏后，可以增设不同的小路，在不同的小路上玩风车。

2. 两名幼儿面向不同方向站好，手拉手搭成风车进行游戏。

攻击大炮

我是小炮兵，开着小炮车；“轰！轰！轰！”炮声响起来。“轰！轰！轰！”小炮兵真神气！

活动目标：

1. 感受多人合作游戏的乐趣。
2. 通过游戏增加手臂的力量，提高耐力。
3. 能熟练地躲避他人的攻击。

准备：

有障碍物（如大树、油桶、大型玩具等）的场地。

玩法：

幼儿分成红、蓝两队进行游戏，双手握拳，双臂前伸做大炮互相攻击，并注意躲藏。先占领对方阵地的一队获胜。

规则：

既要注意攻击又要注意躲藏。

建议：

教师可增设游戏情境，设置“山坡”“草地”“雷区”“小河”，增强游戏的趣味性。也可两人或多人组成大炮进行游戏。

抢四角

我们抢四角，脚下冒着火；抢上哈哈笑，有家蹦蹦跳；没家直跺脚，急得哇哇叫；一二三四五，我们重新来。

活动目标：

1. 体验和同伴一起玩游戏的乐趣。
2. 能够按指令进行游戏，反应敏捷。
3. 练习有目的地抢占一角。

准备：

场地布置如图：

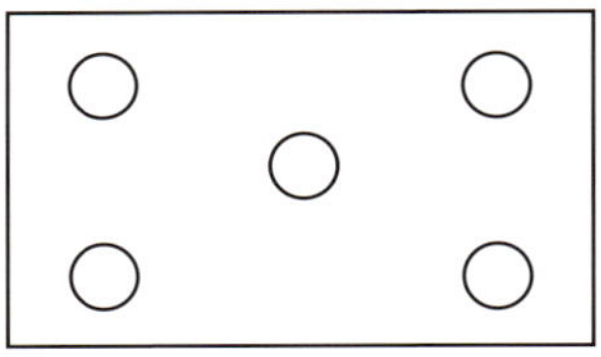

玩法：

五人一组进行游戏，一人站在场地的中心圆上，四人分别站在场地的四个角上。游戏开始，当听到中心圆的幼儿说“一二三，开始”，五人快速抢占四角，抢到四角的幼儿获胜，抢到中心圆的幼儿则作为喊口令的人，继续进行游戏。

规则：

听到口令后，每个角上的幼儿必须要换一个角，不能站在原来的一角。

建议：

1. 为了提高幼儿游戏的积极性，成功抢占四角的幼儿可以获得一个奖励。
2. 在场地增设障碍，增加游戏的难度。
3. 提醒幼儿遵守游戏规则，听到“开始”后，才能抢占四角。

红灯绿灯

大马路，真热闹，我开汽车嘟嘟叫；红灯停，绿灯行，黄灯亮了等一等；交警叔叔指挥忙，遵守规则别忘掉。

活动目标：

1. 体验追逐跑游戏的乐趣。
2. 听到信号后能迅速做出反应。

准备：

红灯、绿灯、黄灯指示牌。

玩法：

请一名幼儿站在场地一端做开灯者，相距其余幼儿20米，背朝大家说“红灯绿灯”。被开灯者听到口令后可以随意向前走或做各种姿势。当开灯者大声说“红灯绿灯”并向后转头时，被开灯者控制身体原地不动，依此玩法继续进行游戏。当有被开灯者到达开灯者身后，并拍开灯者后背一下，其余被开灯者迅速向后跑，开灯者迅速去追被开灯者，被追到的幼儿做新开灯者，游戏重新进行。

规则：

若开灯者向后转头时发现有幼儿活动，该幼儿将停玩游戏一次。

建议：

1. 开灯者可以调节口令的快慢，进行游戏。
2. 幼儿熟悉游戏玩法后，可不发出口头指令，利用标志引导其他幼儿看红绿灯进行游戏。

揪尾巴

每只动物都有自己独特的尾巴，有的长，有的短，有的尾巴像把伞。不同的尾巴有着不同的作用，小动物们可要保护好自己的尾巴哟。

活动目标：

1. 喜欢民间体育游戏，感受游戏的快乐。
2. 能动作协调、灵活地躲闪跑。
3. 练习快跑和躲闪跑。

准备：

布条编织的尾巴若干、音乐。

玩法：

1. 分组游戏

男孩做揪尾巴的人，女孩既要快跑又要使自己的尾巴不被揪下来。（互换角色进行游戏）

2. 自由游戏

每名幼儿既要当揪尾巴的人，又要保护自己的尾巴。听到教师的口令后，幼儿互揪尾巴。游戏结束，以揪到别人的尾巴多者为胜。

规则：

不能阻止别人揪自己的尾巴。

建议：

幼儿熟悉游戏后，教师可变化尾巴的长短，增加游戏的难度。如：兔子尾巴短，猴子尾巴长，这样在游戏时尾巴长的简单些，而尾巴短的要相对难一些。游戏还可以分组进行，以揪掉别人的尾巴总数多的一组为胜。

跳格子

幼儿园操场现在有不同形状的格子。有时，只要有一根粉笔或几个圆圈，小朋友就会玩起跳格子的游戏。

活动目标：

1. 体验民间体育游戏的乐趣。
2. 能动作协调、保持身体平衡进行游戏。
3. 幼儿练习双脚跳和单脚跳。

准备：

场地布置如图：

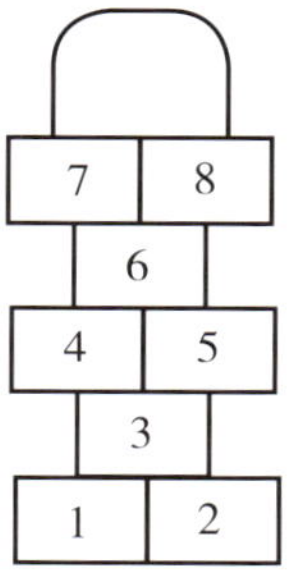

玩法：

按数字 1~8 依次跳格子，一个格子双脚或单脚跳，两个并列的格子双脚分别跳入两个格子中。幼儿也可以自主进行单双脚交替跳。

规则：

1. 尽量连续跳格子，直至跳完。
2. 不能踩线。

建议：

1. 可以按单双数进行游戏，格子里的数字是单数则单脚跳，是双数则双脚跳。跳到空白格子时，双脚着地，向后转身，直至跳回起点。

2. 可以夹沙包跳，以增加游戏的难度。

切西瓜

切，切，切西瓜，西瓜西瓜哪里来，农民伯伯种出来，让我把它切开来。

活动目标：

1. 有初步的竞争意识。
2. 能听指令做游戏。
3. 学会反向跑进行游戏。

准备：

空旷的场地。

玩法：

幼儿手拉手围成一个大圆圈，扮成西瓜，一名幼儿当切瓜者。游戏开始时，幼儿说儿歌，“切瓜者”在扮西瓜幼儿拉着的两只手中间做切的动作，当说到“两半”时，“切瓜者”把相邻两名幼儿的手“切”开。被“切”开的两名幼儿立即松手，分别沿外圈向相反方向快跑，回到自己原来的位置。先跑回原处的幼儿当新一轮的“切瓜者”，继续进行游戏。

规则：

被“切”开的两名幼儿，同时向相反方向快速跑。

建议：

1. 要边念儿歌边有规律地切“西瓜”。
2. 在奔跑过程中要注意躲闪、不碰撞。

捉龙尾

捉龙尾，捉龙尾，龙儿跑东又跑西。跑啊跑，跑啊跑，龙儿累得直喘气——和大龙做游戏，需要智慧和勇气哟！

活动目标：

1. 感受与同伴合作游戏的快乐。
2. 能反应敏捷、动作灵活协调地进行游戏。
3. 练习躲闪跑和追逐跑。

准备：

场地，龙头、龙尾头饰。

玩法：

幼儿一个接一个地拉住前面幼儿的衣襟，扮成长龙。第一名幼儿做龙头，最后一名幼儿则是“龙尾”。请一名幼儿当捉龙尾者，捉龙尾者两边移动跑，寻找捉住“龙尾”的机会。“龙头”千方百计地挡住捉龙尾者，“龙身”“龙尾”快速跟着“龙头”移动躲闪跑，以防被捉住。注意“龙身”不要脱节。

规则：

如果“龙尾”被捉住，则暂停一次游戏。最后一名幼儿成为新“龙尾”，继续游戏。

建议：

1. “大龙”身体不要太长。
2. “龙头”跑动时，速度不要太快。

夹粽子

杏儿红，麦子黄，五月初五是端阳；粽叶香，包五粮，剥个粽子裹上糖；大家快来夹粽子，送给朋友尝一尝。

活动目标：

1. 体验民间体育游戏的乐趣。
2. 能相互合作进行游戏。
3. 练习手指力量及灵活性。

准备：

人手一个沙包、一双筷子，独木桥、筐。

玩法：

游戏开始，每组第一名幼儿用筷子夹“粽子”（沙包），夹住“粽子”后，走过“小桥”，将“粽子”送到“锅”（筐）里，站到后面等待，直到所有幼儿都送完，看看哪组最快。

规则：

如果中途“粽子”掉下来，需夹起“粽子”继续游戏。

建议：

1. 游戏前可引导幼儿练习夹较小较轻的物体。
2. 游戏时夹“粽子”的距离要根据幼儿的熟练程度做适当调整。熟练后，“粽子”可以用其他材料代替，“粽子”要小一些，便于幼儿夹起。

降落伞

蓝蓝的天空，白白的云，许多五彩缤纷的降落伞缓缓地从天空落下。据说每一个降落伞上都可以寄出一个心愿给许愿天使……

活动目标：

1. 体验玩降落伞游戏的乐趣。
2. 能动作协调地练习抛接降落伞。
3. 练习用手绢、绳等材料制作降落伞进行游戏。

玩法：

将手绢四个角各系一根细绳，绳子长度相同，四根绳底端连在一起，拴上重物，制成降落伞。幼儿用力将其抛向空中，降落伞下降时，幼儿可快速跑动，接住降落伞。

规则：

抛出降落伞后，要随之快速跑动并努力接住降落伞。

建议：

1. 可以尝试用不同的材料制作降落伞，探索哪种材料较适宜。
2. 指导多名幼儿同时进行游戏，看谁的降落伞飞得高、降得稳、接得准。

单脚骑马跳

马儿马儿跑得快，我们一起来比赛。操场上，三人组的“小马”正在热火朝天地进行“骑马”比赛，小骑手们精神焕发，加油哟！

活动目标：

1. 感受合作游戏的快乐。
2. 能相互配合玩骑大马的游戏。
3. 练习单脚行进跳。

准备：

选择平坦的场地。

玩法：

三人一组，两名幼儿面对面站好，拉好相邻幼儿的双手，第三名幼儿将一条腿放在两人的拉手处。游戏开始时，拉手的两名幼儿同步向前跑，第三名幼儿随之单腿向前行进跳。也可多组幼儿同时进行比赛，以最先跳到终点的小组为胜。

规则：

游戏过程中单脚跳的幼儿不可以将抬起的腿放下来。

建议：

根据幼儿身体的发展情况，拉手的两名幼儿可以由走变成跑。在游戏中要做好安全保护工作，对于身体动作不灵活的幼儿，教师应注意多从旁协助。

火车钻山洞

火车火车呜呜响，轰隆轰隆上山岗。钻山洞，过大桥，运输粮食忙又忙。

活动目标：

1. 体验合作游戏的快乐。
2. 练习动作协调、灵活地钻山洞。
3. 能遵守游戏规则，敏捷躲避“山洞”。

准备：

熟悉儿歌内容。

玩法：

幼儿排成一列纵队站好，请两名幼儿站在前面，双手举起，搭成“山洞”。游戏开始，幼儿边说儿歌《火车钻山洞》，边一个接一个地从山洞下钻过，当说到最到一句“忙又忙”时，“山洞”落下，被捉到的幼儿和“山洞”互换角色。游戏重新开始。

附儿歌：

火车火车呜呜响，
轰隆轰隆上山岗。
钻山洞，过大桥，
运输粮食忙又忙。

规则：

钻时不要碰到“山洞”。

建议：

教师要鼓励幼儿不断尝试，创新玩法。也可尝试与儿歌配合做出相应的动作进行游戏。

大班

丢沙包

一个小沙包，可以一个人玩，也可以几个人玩。可以丢，可以抓，可以踢，可以顶。翻飞的沙包，是孩子们百玩不厌的玩具！

活动目标：

1. 乐于与同伴共同游戏，体验民间体育游戏的快乐。
2. 能动作敏捷地躲避沙包。
3. 练习手眼协调地丢沙包。

准备：

沙包。

玩法：

两名幼儿在距离3~4米的场地两端面对面站好，一名幼儿或多名幼儿站在中间，两边的幼儿轮流手拿沙包打中间的幼儿。中间的幼儿要快速躲闪避免被击中，若被沙包击中，就要做丢沙包者。

规则：

被击中的幼儿做丢沙包者。

建议：

1. 根据幼儿的发展水平，可调整丢沙包两端的距离。
2. 沙包尽量用软毽代替，提醒幼儿在丢沙包时避免打到其他幼儿的头部。

斗鸡

斗鸡斗鸡真有趣，单脚盘起做游戏；斗一斗，比一比，脚不落地就胜利。

活动目标：

1. 体验合作竞赛游戏的快乐。
2. 能保持平衡，进行碰撞游戏。

玩法：

两人一组面对面站好，单腿站立，另一条腿小腿向内抬起，双手握住脚踝处。游戏开始时，幼儿跳向对方，用抬起的膝盖去碰撞对方，迫使对方失去平衡。抬起的脚先落地者则为失败者，游戏可反复进行。

规则：

在游戏过程中，不能随意换腿。

建议：

可以让力量相近的幼儿为一组进行游戏，避免因力量相差过大而在相互碰撞时摔倒。

滚铁环

和小伙伴一起滚着铁环奔跑在乡间小道上，那是怎样一个色彩斑斓、无忧无虑的快乐童年啊！

活动目标：

1. 体验参与民间体育游戏的快乐。
2. 能与同伴共同游戏，不断挑战。
3. 学习控制身体、手眼协调地滚铁环。

准备：

每名幼儿1副铁环。

玩法：

幼儿手持顶部是“U”字形的铁棍，用“U”字形勾住铁环外侧，推动铁环向前滚动，幼儿跟着滚动的铁环跑，努力保持铁环不倒。

建议：

1. 可提供适合幼儿游戏的材料（风火轮状的圆环），待幼儿熟练之后提供铁环。
2. 可以个人或集体竞赛，也可增设障碍物，让幼儿绕过障碍物滚铁环。
3. 也可以结合本园场地实际，绕过小树林滚铁环。

两人三足

两个人怎么可能变出三只脚呢？让我们一起来玩“两人三足”游戏吧！不仅可以让大家体验到竞争和合作的乐趣，还可以让大家体验到动作的协调性哟！

活动目标：

1. 感受合作游戏的快乐。
2. 发展动作的协调性与灵活性。
3. 学习两人三足走，锻炼腿部力量及身体的平衡力。

准备：

宽皮筋。

玩法：

两名幼儿并排站立，将相近的两条腿用宽皮筋绑上，听到口令后开始从起点前进，直到终点，以坚持最快走到终点的一组为胜。

规则：

应将宽皮筋绑在小腿处。

建议：

1. 幼儿在游戏前要协商好，确定走路的步伐，避免摔倒。
2. 游戏过程中，对于动作不协调的幼儿，教师应及时给予指导。

放鞭炮

在我们小时候的记忆里，最难忘的就是大年夜和小伙伴一起走街串巷放鞭炮的喜庆和快乐！

活动目标：

1. 知道放鞭炮是我国的节日习俗，体验合作游戏的乐趣。
2. 能听指令四散跑。
3. 学会走螺旋队形并熟练掌握。

准备：

宽敞平坦的场地。

玩法：

10名左右幼儿为一组站成一队，排头幼儿带领其余幼儿按螺旋形向圆心绕圈走。幼儿卷成“鞭炮”后教师“点火”，幼儿一个接一个从排尾到排头发出“刺”声，不能间断，直至排头幼儿发出“啪”的声音后，幼儿四散跑开，排头幼儿去追，捉住一名幼儿后游戏结束，再重新排队继续游戏。

规则：

要等排头幼儿发出“啪”的声音后才能开始四散跑。

建议：

1. 幼儿可站成一排或圆形进行游戏。
2. 教师可做点鞭炮人，点到任意一名幼儿，幼儿说“啪”，其他幼儿四散跑。

跳绳

绳子抡得圆圆转，小朋友们跳跳看，一二三四五六七，大家一起跳跳看——单人跳、双人跳、集体跳、单脚跳、双脚跳、花样跳……

活动目标：

1. 乐于探索跳绳的多种方法，感受跳绳的乐趣。
2. 发展幼儿动作的协调性和灵活性。
3. 练习动作协调地双脚连续跳绳。

准备：

人手一根跳绳。

玩法：

幼儿自主选择场地，两手分别握住跳绳的两端，同时张开双臂向前摇绳。当跳绳落到地上，双脚原地跳起，如此连续跳绳。

建议：

1. 幼儿熟练后可练习多种跳绳的方法，如跑跳、单脚跳、倒跳、花样跳、双人跳。
2. 不要过于要求数量，更不能机械训练。

老鼠笼

老鼠老鼠坏东西，偷吃粮食偷吃米，我们做个老鼠笼，咔的一声捉住你。

活动目标：

1. 敢于大胆地参与游戏。
2. 能够听信号进行游戏，反应敏捷。
3. 练习钻的动作，提高身体的灵敏性、协调性。

准备：

宽敞无障碍的场地。

玩法：

幼儿手拉手围成一个圆圈做老鼠笼，请多名幼儿做老鼠。游戏开始时，做老鼠笼的幼儿手拉手并高高举起，说儿歌："老鼠老鼠坏东西，偷吃粮食偷吃米，我们做个老鼠笼，咔的一声捉住你。"扮成老鼠的幼儿不停地钻进钻出"笼子"，当说到"捉住你"时，幼儿拉手并快速蹲下，在"笼子"内的"老鼠"则被抓住，然后更换角色重新游戏。

附儿歌：

老鼠老鼠坏东西，偷吃粮食偷吃米，我们做个老鼠笼，咔的一声捉住你。

规则：

当说到"捉住你"时，站在圈内的"老鼠"则不能再钻出圈外。

建议：

为避免幼儿害怕被捉而不钻进圆圈的情况，可在圈内放置"粮食"，增加游戏的任务性和趣味性。

攻城门

“攻城门，城门开，选个勇士谁先来？”“你选谁？”“我选××。”随着指定口令的发出，原本平静的城门守卫瞬间变得紧张起来，随时进入战备状态。

活动目标：

1. 培养幼儿团结协作、不怕困难的意志品质。
2. 能按规则进行攻城门游戏。
3. 学习进攻和防守的方法。

准备：

宽敞无障碍的场地。

玩法：

将幼儿分成人数相等的两队，手拉手面对面站好，两队分别选出一名幼儿猜拳，哪队胜出则先攻城。被攻城者问：“攻城门，城门开，选个勇士谁先来？”攻城者问：“你选谁？”被攻城者答：“我选××（幼儿姓名）。”儿歌说完，被点到名字的幼儿快速冲向对方队伍，如攻破对方城门（手松开）则获胜，胜利者可将被冲开的幼儿带回自己队伍，如没有冲开则要留在对方组，角色互换继续游戏，以人数多的一队为胜。

附儿歌：

“攻城门，城门开，选个勇士谁先来？”“你选谁？”“我选××……”

规则：

儿歌说完，攻城者要冲向任意两名幼儿拉手处，不能冲向幼儿身体。

建议：

1. 为了避免出现等待时间过长的现象，一次游戏可选2~3人攻城门。
2. 在游戏过程中，提醒幼儿注意安全，小勇士冲过来的时候教师可给予适当的保护。

蒙眼人

只要一块布条，我们就可以开始一段快乐的游戏。蒙上眼睛，要想取胜，那可要考验你的听力和判断力哟！

活动目标：

1. 增进同伴间的了解。
2. 能遵守规则，按规则进行游戏。
3. 练习辨别方向，提高躲闪的能力。

准备：

眼罩1个、画有圆圈的场地。

玩法：

选出一名幼儿戴上眼罩扮演蒙眼人，其余幼儿在指定的圆圈内准备游戏。游戏开始，当蒙眼人说绿灯时，其余幼儿在圆圈内可以随意走动；说红灯时，幼儿静止不动，蒙眼人去摸幼儿，摸到幼儿的同时要说出对方的名字，猜对了则双方互换角色。如果猜错或者长时间没有摸到幼儿，教师要及时更换角色。

规则：

说“红灯”时，其他幼儿要静止不动。

建议：

场地应宽敞、平整、无障碍物，以保证幼儿的安全，游戏过程中教师应给予适当的保护。

贴人

不借助任何材料，怎样才可以在最短的时间里，由两个人变成一个人呢？好玩的贴人游戏就可以做到哟！你贴我来我贴你，比比看谁跑得快。

活动目标：

1. 主动参与游戏，体验躲闪追逐跑的快乐。
2. 能按规则进行游戏，反应灵敏，躲闪灵活。
3. 练习在一定范围内追逐跑。

准备：

在场地内画一个大圆圈。

玩法：

全体幼儿站成两个同心圆，圈内外幼儿两两对应站好，请两名幼儿分别当追逐者和被追者。游戏开始时，追逐者与被追者沿圈外快速奔跑。将要被捉到时，被追者则要快速跑到里圈任意幼儿身前贴住站好，这时与他对应的外圈幼儿变成被追者，被贴幼儿则退到外圈补位。

规则：

如果被捉到，则更换追逐者和被追者。如果追逐者连续三次仍未捉到被追者，就更换追逐者。

建议：

1. 提示幼儿在追逐时，不要远离圆圈跑。
2. 为了避免等待时间过长的情况，可根据人数分成多组进行游戏。

跳皮筋

小皮球，香蕉梨，马兰开花二十一；二八二五六，二八二五七，二八二九三十一……伴随着朗朗上口的童谣，小伙伴们开始了快乐的跳皮筋游戏……

活动目标：

1. 喜欢玩民间体育游戏，感受合作游戏的快乐。
2. 能身体协调地单脚、双脚及单双脚轮流跳皮筋。
3. 练习用“踩”“越”“勾”的基本动作跳皮筋。

准备：

3~5 米长的橡皮筋。

玩法：

1. 大蹦：三人或多人一组，由两名幼儿撑皮筋，其余幼儿跳皮筋。幼儿站在皮筋一侧，双脚先跳进皮筋内，接着双脚分开跳到皮筋两侧，然后双脚再次跳进皮筋内，接着跳到皮筋另一侧，将临近的皮筋置于脚上跳过另一根皮筋，最后双脚跳出。

2. 马兰花：四人一组，三人撑皮筋成三角形，另一幼儿跳皮筋。先站在三角形一边的皮筋内侧，边说儿歌，边两脚交替依次跳出、跳进皮筋，如此继续跳三角形皮筋的第二条边、第三条边，游戏反复进行。

规则：

根据不同的玩法进行游戏，如跳“大蹦”时不能踩皮筋。

建议：

1. 幼儿在跳皮筋时不要盲目追求高度，可以将皮筋由脚踝处依次提高。
2. 幼儿在刚开始跳皮筋时可以简单地练习跳进、跳出，熟练之后可以练习完整地跳皮筋。
3. 跳皮筋的玩法是多样的，不要只局限于一种。

踩高跷

骑在爸爸的肩头，听着锣鼓声声，看着人们踩着高跷，穿着戏服，化着彩妆，舞动着扇子，远远地、高高地向我们走来，那是小时候过节最温馨幸福的时刻！

活动目标：

1. 对踩高跷游戏感兴趣，体验与同伴互动的快乐。
2. 能身体平衡、动作协调地踩高跷。
3. 掌握踩高跷的技巧。

准备：

每人1副高跷。

玩法：

两脚脚心分别踩在高跷上，两手分别拉紧高跷上的绳子，手脚协调，双脚交替向前走。

规则：

脚底中心踩在高跷上，双手拉直绳子，眼睛向前看。

建议：

1. 可以给游戏熟练的幼儿增设障碍，如走“S”路或竞赛走。
2. 可以根据幼儿的掌握情况，先提供塑料高跷，再过渡到木制高跷。

舞龙

舞龙是一种广为流传的民间艺术活动。每逢重大节日、庆祝活动时，我们和家长、孩子一起做龙、舞龙，来表达喜悦的心情。

活动目标：

1. 体验合作游戏的快乐。
2. 能相互配合、协调一致地舞龙。
3. 学习舞龙的基本方法、步法，发展上肢力量。

准备：

舞龙材料、无障碍场地。

玩法：

一名幼儿当龙头，一名幼儿做龙尾，其余幼儿一个接一个在“龙头”后面做龙身，跟随绣球位置的变化做相应的动作。幼儿还可以灵活地变换花样，左右移动、盘旋，活灵活现地舞龙。

规则：

1. 游戏中要保持“龙身”不脱节。
2. 舞龙的幼儿要跟随绣球的舞动做相应的变化。

建议：

1. 根据幼儿的人数分组进行游戏。
2. 播放舞龙音乐，幼儿随音乐舞龙。

编花篮

编，编，编花篮，花篮里面有小孩，小孩的名字叫花篮。蹲下、起来，蹲下、起来。一二谁出来，一二谁出来。

活动目标：

1. 体验相互配合进行游戏的乐趣。
2. 能连续单脚跳，发展幼儿身体的平衡力、协调力。
3. 尝试探索用不同的方法编花篮。

准备：

宽敞无障碍的场地。

玩法：

四名幼儿围圈站好，一名幼儿将自己的右脚踝搭在旁边幼儿的手上，单脚站立。其余幼儿依次将自己的右脚踝搭在前一名幼儿的腿窝上，搭好后，犹如一个花篮。游戏开始，幼儿边说儿歌边单脚圆周跳，以坚持时间长的小组为胜。

规则：

游戏开始，所有幼儿都要进行圆周跳，不能原地站立不动。

建议：

幼儿熟练掌握游戏玩法后，可增加蹲起动作，以加大游戏的难度。

拔河

一根绳子长又长，小朋友们站两旁；一二三，用力拔，团结一心力量强。

活动目标：

1. 体验集体协作带来的快乐。
2. 锻炼幼儿的手臂力量。
3. 能听口号做指令动作。

准备：

1. 在场地上画出间隔 2 米的平行线。
2. 中间带有小旗的 10 米长的粗绳 1 根，小旗放在平行线的中心点。

玩法：

将幼儿分成人数相等和体力相近的两队，面对面分别站在绳的两侧。游戏开始，每队幼儿双手握紧绳子准备拔河。教师说“开始”后，双方各自用力向后拉绳子，以将绳子上的小旗拉过本队规定的界限的一组为胜。

规则：

1. 必须在教师发令后，两队的幼儿才能开始拔河。
2. 以将绳子上的小旗拉过两队界限的一组为胜。

建议：

提醒幼儿在拔河过程中胳膊应适当用力，以免造成肌肉拉伤。

抬花轿

“抬花轿”是以前民间的一种婚嫁习俗。两人合作搭成“花轿”，抬上“新娘”，能让幼儿在游戏中真正体验到自由、创意、合作带来的愉悦和成功。

活动目标：

1. 体验同伴间合作和竞赛的快乐。
2. 能探索各种抬花轿的方法进行游戏。
3. 锻炼手臂的力量。

准备：

宽敞无障碍的场地。

玩法：

三人一组，两人抬轿，一人坐轿。抬轿幼儿的左手握住右手腕，再将自己的右手握住对方的左手腕，形成“8”字形。坐轿者双脚分别插进抬轿者双手形成的圆圈中，坐在两人的手背上，双手分别搂住抬轿者的颈部。游戏开始时，抬轿幼儿侧身向前跑，以先到终点为胜。游戏重新开始，坐轿者和抬轿者角色互换，游戏反复进行。

规则：

当游戏开始时，抬花轿的幼儿同时出发。

建议：

1. 抬轿的方法不一定局限于一种，可以用自己的右手握住左手腕，也可以探索其他的抬轿方法。
2. 提醒幼儿在抬轿过程中不要松手，防止坐轿幼儿摔倒。
3. 在游戏中，教师应指导抬花轿的幼儿注意安全，奔跑时速度不要过快，以免发生危险。
4. 游戏初期，幼儿可以先练习抬花轿四散走，熟练后再进行竞赛。

打龙尾

在空气新鲜、阳光充足的空地上玩打龙尾的游戏是一件让人开心惬意的事情。我躲你打，让我们一起体验不一样的快乐吧！

活动目标：

1. 感受合作游戏带来的快乐。
2. 培养灵活、敏捷、迅速反应的能力。
3. 掌握投掷及快速躲闪跑的动作。

准备：

画有一个大圆圈的场地、软球或软毽。

玩法：

将幼儿分成人数相等的两组。一组幼儿四散站在圆圈外，一名幼儿持球准备打“龙尾”。另一组幼儿站在圆圈内，除“龙头”外，其他幼儿要拉住前面幼儿的衣襟。游戏开始，圈外的幼儿相互传递球，捕捉时机，开始打“龙尾”。“龙头”可以用手挡住打过来的球；“龙尾”则迅速奔跑躲闪，以免被球打中。如果“龙尾”被球打中，则扮演龙头，圈外的幼儿再打新的“龙尾”。游戏反复进行，直到全队均担任过“龙尾”并被打中为止。两组幼儿互换角色，游戏继续进行。

规则：

1. 打龙尾者必须站在圈外，不得越线。
2. 只准打“龙尾”腰部以下的部位。
3. “龙头”“龙尾”必须保持纵队队形，队伍不能断开。

建议：

1. 为了避免圈内的幼儿摔倒，圈内“大龙”人数可以控制在 8~10 人。
2. 待幼儿熟悉游戏后，可增加软球的数量，提高游戏的难度。

推小车

“巴拉巴拉，变身——”随着口诀，双手撑地，将自己变成一辆小推车，和小伙伴一起玩“推小车”的游戏……

活动目标：

1. 体验与同伴合作游戏的快乐。
2. 锻炼上肢力量，能相互配合、身体协调地进行游戏。
3. 练习双手撑地交替向前走的动作。

准备：

宽敞无障碍的场地。

玩法：

两名幼儿一组，分别扮小推车和推车人，扮小车的幼儿双手撑地，推车人用双手分别握住扮小车幼儿的双腿并抬起，两人相互配合进行游戏。熟练后，可进行比赛，从起点走到终点，以先到终点的一组为胜。游戏结束，两人交换角色，游戏重新开始。

规则：

1. 推车人的速度不要太快。
2. 扮小车的人要双手撑地向前走。

建议：

1. 根据幼儿的发展水平，起点到终点的距离可以由近到远不断改变。
2. 还可以三人一组进行游戏，一人扮小推车，两人扮推车人。

图书在版编目 (CIP) 数据

幼儿园民间体育游戏活动指导 / 张云丽，徐铭泽主编．— 大连：辽宁师范大学出版社，2017.7（2019.8 重印）

（幼儿园教师实践能力指导与培训丛书 / 赵宇主编）

ISBN 978-7-5652-2294-8

Ⅰ．①幼⋯ Ⅱ．①张⋯ ②徐⋯ Ⅲ．①体育游戏—学前教育—幼教人员—师资培训—教材 Ⅳ．① G613.7

中国版本图书馆 CIP 数据核字 (2017) 第 145737 号

You’eryuan Minjian Tiyu Youxi Huodong Zhidao

幼儿园民间体育游戏活动指导

出 版 人：王 星
责任编辑：孙晓艳
责任校对：王文慧
装帧设计：周佰惠

出 版 者：辽宁师范大学出版社
地 址：大连市黄河路 850 号
网 址：http://www.lnnup.net
http://www.press.lnnu.edu.cn
邮 编：116029
营销电话：（0411）84206854 84215261 82159912（教材）
印 刷 者：大连飞驰印务有限公司
发 行 者：辽宁师范大学出版社

幅面尺寸：185mm × 260mm
印 张：3.5
字 数：56 千字

出版时间：2017 年 7 月第 1 版
印刷时间：2019 年 8 月第 2 次印刷
书 号：ISBN 978-7-5652-2294-8

定 价：15.00 元